화엄경 제58권 (이세간품 38-6) 해설

여기서는 앞에서와 마찬가지로 10종 청정시로부터 청정계·忍·정진·禪·慧·慈·悲·喜·捨·義·法·복덕조도구·지혜·明足·구법·明了法·수행법·魔·魔業·捨離魔業·見·佛業·慢業·魔所攝持·불소섭지·법·작업·하생의 십종사가 나온다.

① 10종 청정시　② 10종 忍　③ 10종 정진　④ 10종 禪
⑤ 10종 慧　⑥ 10종 慈　⑦ 10종 悲　⑧ 10종 喜
⑨ 10종 捨　⑩ 10종 義　⑪ 10종 法
⑫ 10종 복덕조도구　⑬ 10종 지혜　⑭ 10종 明足
⑮ 10종 구법　⑯ 10종 명료법　⑰ 10종 수행법　⑱ 10종 魔
⑲ 10종 마업　⑳ 10종 捨離魔業　㉑ 10종 見　㉒ 10종 佛業
㉓ 10종 慢業　㉔ 10종 魔所攝持　㉕ 10종 佛所攝持
㉖ 10종 法　㉗ 10종 작업　㉘ 10종 事

離世間品 菩薩摩訶薩有十種平等其 ...

清淨佛子菩薩何等爲十所謂

施不揀擇衆生故施不亂施故隨意施施故利益施故滿其

所施願宜故知上中下故不利得故施故住

不隨求宜施故知上中下故開捨施施心不住不戀

不求果報故開捨施施心不住不戀

大方廣佛華嚴經 1

法 법	故 고	及 급	故 고	教 교	向 향	着 착
則 즉	是 시	以 이	三 삼	化 화	菩 보	故 고
得 득	爲 위	施 시	輪 륜	衆 중	提 리	一 일
如 여	十 십	物 물	清 청	生 생	施 시	切 체
來 래	若 약	正 정	淨 정	施 시	遠 원	施 시
無 무	諸 제	念 념	施 시	乃 내	離 리	究 구
上 상	菩 보	觀 관	於 어	至 지	有 유	竟 경
清 청	薩 살	察 찰	施 시	道 도	爲 위	清 청
淨 정	安 안	如 여	者 자	場 량	無 무	淨 정
廣 광	住 주	虛 허	受 수	不 불	爲 위	故 고
大 대	此 차	空 공	者 자	捨 사	故 고	廻 회

사경의 공덕은 십만억 부처님께 공양한 것과 같은 공덕이 있습니다.

　　　　　　　施시
　　　　　清청佛불
　　　　　淨정子자
　　　　　戒계菩보
　　　　　何하薩살
　　　　　等등摩마
　　　　　爲위訶하
　　　　　十십薩살
　　　　　所소有유
　　　　　謂위十십
　　　　　身신十십
清청淨정離리戒계淸청種종
淨정語어戒계淨정
戒계四사護호戒계
於어見견過과身신何하
一일故고故고三삼等등
切체不불心심惡악爲위
人인破파淸청故고十십
天천一일淨정語어所소
中중切체戒계淸청謂위
作작學학永영淨정身신
尊존處처離리戒계淸청

사경의 공덕은 십만억 부처님께 공양한 것과 같은 공덕이 있습니다.　　　大方廣佛華嚴經 3

切체	戒계	戒계	故고	淨정	樂락	主주
有유	誓서	衆중	隱은	戒계	小소	故고
見견	修수	生생	密밀	乃내	乘승	守수
淸청	一일	故고	護호	至지	故고	護호
淨정	切체	不부	持지	微미	守수	菩보
戒계	善선	作작	淸청	細세	護호	提리
於어	法법	一일	淨정	罪죄	如여	心심
戒계	故고	切체	戒계	生생	來래	淸청
無무	遠원	惡악	善선	大대	所소	淨정
着착	離리	淸청	拔발	怖포	制제	戒계
故고	一일	淨정	犯범	畏외	淸청	不불

사경의 공덕은 십만억 부처님께 공양한 것과 같은 공덕이 있습니다.

大方廣佛華嚴經 4

守호	大대	住주	失실		淸청	呰자
護호	悲비	此차	淸청	佛불	淨정	辱욕
一일	故고	法법	淨정	子자	忍인	淸청
切체	是시	則즉	戒계	菩보	何하	淨정
衆중	爲위	得득		薩살	等등	忍인
生생	十십	如여		摩마	爲위	護호
淸청	若약	來래		訶하	十십	諸제
淨정	諸제	無무		薩살	所소	衆중
戒계	菩보	上상		有유	謂위	生생
薩살	薩살	無무		十십	安안	故고
發발	安안	過과		種종	受수	安안

大方廣佛華嚴經 5

觀	輕	身	寬	故	不	受
察	未	命	故	不	生	刀
如	學	故	有	責	恚	杖
幻	故	遠	歸	卑	害	清
故	殘	離	咸	賤	清	淨
有	毀	我	救	清	淨	忍
犯	不	慢	清	淨	忍	善
無	瞋	清	淨	忍	其	護
報	清	淨	忍	爲	心	自
清	淨	忍	捨	上	不	他
淨	忍	不	自	能	動	故

사경의 공덕은 십만억 부처님께 공양한 것과 같은 공덕이 있습니다.

大方廣佛華嚴經 6

忍不見自他故 隨順菩薩清
淨忍忍離諸境界故不隨煩惱
眞實智知一切境界一法無生智清淨界
忍不實由他教入一切法切無智生境清淨界
故是爲十若諸諸菩薩安住其
中則得一切諸佛無上法忍

故고	廣광	轉전	薩살	淸청	淸청	
意의	爲위	故고	及급	淨정	淨정	佛불
淸청	他타	語어	諸제	精정	精정	子자
淨정	說설	淸청	師사	進진	進진	菩보
精정	讚찬	淨정	長장	承승	何하	薩살
進진	佛불	精정	尊존	事사	等등	摩마
善선	功공	進진	重중	供공	爲위	訶하
能능	德덕	隨수	福복	養양	十십	薩살
入입	無무	所소	田전	諸제	所소	有유
出출	疲피	聞문	不불	佛불	謂위	十십
慈자	倦권	法법	退퇴	菩보	身신	種종

사경의 공덕은 십만억 부처님께 공양한 것과 같은 공덕이 있습니다.

大方廣佛華嚴經 8

精정	一일	進진	修수	無무	無무	悲비
進진	切체	志지	無무	誑광	休휴	喜희
攝섭	白백	常상	退퇴	無무	息식	捨사
取취	淨정	趣취	轉전	諂첨	故고	禪선
布보	法법	求구	故고	無무	正정	定정
施시	故고	上상	增증	曲곡	直직	解해
戒계	不부	上상	勝승	無무	心심	脫탈
忍인	唐당	智지	心심	偽위	淸청	及급
多다	捐연	慧혜	淸청	一일	淨정	諸제
聞문	淸청	願원	淨정	切체	精정	三삼
及급	淨정	具구	精정	勤근	進진	昧매

사경의 공덕은 십만억 부처님께 공양한 것과 같은 공덕이 있습니다.

大方廣佛華嚴經 9

一	觀	光	切	除	摧	不
切	察	清	煩	滅	伏	放
佛	咸	淨	惱	貪	一	逸
不	使	精	諸	欲	切	乃
共	究	進	纏	瞋	魔	至
法	竟	有	蓋	恚	清	菩
故	不	所	故	愚	淨	提
無	令	施	成	癡	精	無
來	後	爲	滿	邪	進	中
無	悔	悉	智	見	悉	息
去	得	善	慧	一	能	故

사경의 공덕은 십만억 부처님께 공양한 것과 같은 공덕이 있습니다.

事 사	道 도	以 이	淨 정	非 비	門 문	淸 청
故 고	說 설	無 무	精 정	相 상	身 신	淨 정
是 시	法 법	漏 루	進 진	無 무	語 어	精 정
爲 위	滅 멸	身 신	超 초	所 소	及 급	進 진
十 십	度 도	而 이	過 과	着 착	心 심	得 득
若 약	具 구	示 시	諸 제	故 고	皆 개	如 여
諸 제	足 족	歿 몰	地 지	成 성	悉 실	實 실
菩 보	如 여	生 생	得 득	就 취	平 평	智 지
薩 살	是 시	出 출	佛 불	法 법	等 등	入 입
安 안	普 보	家 가	灌 관	光 광	了 요	法 법
住 주	賢 현	成 성	頂 정	淸 청	相 상	界 계

사경의 공덕은 십만억 부처님께 공양한 것과 같은 공덕이 있습니다.

此法則得如來無上大淸淨
精進佛子菩薩摩訶薩有十種
淸淨何等爲十所謂常樂出家捨一切所有故
得眞善友淸淨禪淨禪示教正道
故住阿蘭若忍風雨等淸淨

사경의 공덕은 십만억 부처님께 공양한 것과 같은 공덕이 있습니다.

禪	淸	柔	寂	定	淨	於
선	청	유	적	정	정	어
離	淨	淸	滅	剌	禪	味
이	정	청	멸	자	선	미
我	禪	淨	不	觀	着	
아	선	정	불	관	착	
我	常	禪	淨	能	察	淸
아	상	선	정	능	찰	청
所	樂	守	禪	亂	一	淨
소	락	수	선	란	일	정
故	寂	護	一	故	切	禪
고	적	호	일	고	체	선
離	靜	諸	切	覺	皆	不
이	정	제	체	각	개	불
憒	故	根	音	道	現	捨
궤	고	근	음	도	현	사
鬧	心	故	聲	方	證	欲
료	심	고	성	방	증	욕
衆	業	心	諸	便	故	界
중	업	심	제	편	고	계
生	調	智	禪	淸	離	故
생	조	지	선	청	이	고

사경의 공덕은 십만억 부처님께 공양한 것과 같은 공덕이 있습니다.

大方廣佛華嚴經 13

淸청		來래	若약	入입	生생	發발
淨정	佛불	無무	諸제	佛불	根근	起기
慧혜	子자	上상	菩보	三삼	性성	通통
何하	菩보	大대	薩살	昧매	故고	明명
等등	薩살	淸청	安안	知지	自자	淸청
爲위	摩마	淨정	住주	無무	在재	淨정
十십	訶하	禪선	其기	我아	遊유	禪선
所소	薩살		中중	故고	戱희	知지
謂위	有유		則즉	是시	淸청	一일
知지	十십		得득	爲위	淨정	切체
一일	種종		如여	十십	禪선	衆중

사경의 공덕은 십만억 부처님께 공양한 것과 같은 공덕이 있습니다.

幻환	切체	慧혜	起기	知지	一일	切체
故고	衆중	於어	皆개	不부	切체	因인
廣광	生생	衆중	如여	斷단	緣연	清청
大대	心심	生생	實실	不불	清청	淨정
辯변	行행	相상	故고	常상	淨정	慧혜
才재	清청	無무	拔발	清청	慧혜	不불
清청	淨정	取취	一일	淨정	不불	壞괴
淨정	慧혜	捨사	切체	慧혜	違위	果과
慧혜	了요	故고	見견	了요	和화	報보
分분	知지	觀관	清청	達달	合합	故고
別별	如여	一일	淨정	緣연	故고	知지

사경의 공덕은 십만억 부처님께 공양한 것과 같은 공덕이 있습니다.

大方廣佛華嚴經

淨	寂	生	一	淨	外	諸
慧	滅	本	切	慧	道	法
知	見	性	佛	深	聲	問
一	一	清	微	入	聞	答
切	切	淨	妙	一	獨	無
相	刹	見	法	切	覺	礙
皆	同	一	身	如	所	故
無	於	切	見	來	不	一
礙	虛	法	一	智	能	切
故	空	皆	切	故	知	諸
一	清	悉	衆	見	清	魔

사경의 공덕은 십만억 부처님께 공양한 것과 같은 공덕이 있습니다.

	中	故	等	念	淨	切
佛	則	是	淸	相	慧	總
子	得	爲	淨	應	令	持
菩	如	十	慧	金	得	辯
薩	來	若	得	剛	一	才
摩	無	諸	一	智	切	方
訶	障	菩	切	了	最	便
薩	礙	薩	法	一	勝	波
有	大	安	最	切	智	羅
十	智	住	尊	法	故	蜜
種	慧	其	智	平	一	淸

사경의 공덕은 십만억 부처님께 공양한 것과 같은 공덕이 있습니다.

故能至解脫清淨慈普使衆
間清淨慈心常緣念集善根
究竟皆淨令出生死故不捨世
令歡喜故攝物同己有所清淨慈皆
故饒益清淨攝衆隨有所所作皆
清淨慈普攝衆生無所揀擇
清淨慈何等爲十所謂等心

生	菩	一	慈	滿	處	如
除	提	切	放	虛	不	如
滅	清	智	大	空	至	眞
一	淨	心	光	清	故	實
切	慈	故	明	淨	法	法
諸	普	世	平	緣	緣	故
煩	使	間	等	救	清	無
惱	衆	無	普	護	淨	緣
故	生	礙	照	衆	慈	清
出	發	清	故	生	證	淨
生	求	淨	充	無	於	慈

사경의 공덕은 십만억 부처님께 공양한 것과 같은 공덕이 있습니다.

入於諸菩薩離生性故是爲十

若諸菩薩安住此法則得如十

來無上菩薩大清淨慈法則得如

清淨佛子菩薩摩訶薩有十種

伴清淨悲何等爲十所謂無十

厭清淨悲代一切衆生受苦

伴清淨悲獨發其心故

사경의 공덕은 십만억 부처님께 공양한 것과 같은 공덕이 있습니다.

潔	快	不	生	淨	悲	不
결	쾌	불	생	정	비	불
其	樂	着	淸	悲	爲	以
기	락	착	청	비	위	이
心	故	己	淨	示	度	爲
심	고	기	정	시	도	위
故	不	樂	悲	現	衆	勞
고	불	락	비	현	중	로
能	求	淸	歷	無	生	故
능	구	청	역	무	생	고
除	恩	淨	劫	常	故	難
제	은	정	겁	상	고	난
顚	報	悲	不	故	善	處
전	보	비	불	고	선	처
倒	淸	普	捨	爲	趣	受
도	청	보	사	위	취	수
淸	淨	與	弘	邪	受	生
청	정	여	홍	사	수	생
淨	悲	衆	誓	定	生	淸
정	비	중	서	정	생	청
悲	修	生	故	衆	淸	淨
비	수	생	고	중	청	정

사경의 공덕은 십만억 부처님께 공양한 것과 같은 공덕이 있습니다.

說如實法故菩薩摩訶薩無有染着受衆生知

一切法如實法故菩薩摩訶薩無有染着受衆生知

熱惱以本塵煩惱清淨故無染而受衆生起

苦如名是知客已於諸衆爲說無而起

大悲名本性清淨菩薩摩訶薩說無垢

清淨光明法性故菩薩摩訶薩訶薩

知一切法如空中鳥跡衆生

| 清淨喜何等爲十所謂發菩 | 大佛子菩薩摩訶薩有十 | 大清淨悲 | 安住此法法則得如來無上廣 | 涅槃法故是爲十 | 大悲心名眞實智爲其諸菩薩 | 癡翳不能照了觀察於彼起示 |

사경의 공덕은 십만억 부처님께 공양한 것과 같은 공덕이 있습니다.

衆 중	樂 락	法 법	生 생	成 성	喜 희	提 리
生 생	常 상	不 불	誓 서	就 취	不 불	心 심
捨 사	樂 락	生 생	願 원	清 청	嫌 혐	清 청
資 자	法 법	悔 회	救 구	淨 정	棄 기	淨 정
生 생	樂 락	心 심	度 도	喜 희	破 파	喜 희
樂 락	清 청	清 청	清 청	能 능	戒 계	悉 실
常 상	淨 정	淨 정	淨 정	忍 인	衆 중	捨 사
樂 락	喜 희	喜 희	喜 희	受 수	生 생	所 소
法 법	令 영	自 자	捨 사	造 조	而 이	有 유
樂 락	一 일	捨 사	身 신	惡 악	教 교	清 청
清 청	切 체	欲 욕	求 구	衆 중	化 화	淨 정

사경의 공덕은 십만억 부처님께 공양한 것과 같은 공덕이 있습니다.

淨	牟	行	昧	一	有	淨
정	모	행	매	일	유	정
喜	尼	順	遊	切	厭	喜
희	니	순	유	체	염	희
是	寂	菩	戲	衆	足	見
시	적	보	희	중	족	견
爲	靜	薩	入	生	法	一
위	정	살	입	생	법	일
十	不	道	出	愛	界	切
십	부	도	출	애	계	체
若	動	一	清	樂	平	佛
약	동	일	청	락	평	불
諸	無	切	淨	禪	等	恭
제	무	체	정	선	등	공
菩	上	苦	喜	定	清	敬
보	상	고	희	정	청	경
薩	定	行	心	解	淨	供
살	정	행	심	해	정	공
安	慧	證	樂	脫	喜	養
안	혜	증	락	탈	희	양
住	清	得	具	三	令	無
주	청	득	구	삼	영	무

사경의 공덕은 십만억 부처님께 공양한 것과 같은 공덕이 있습니다.

此法則得如來無上廣大清
淨喜 佛子 菩薩摩訶薩有十種
清淨 何等爲十 所謂
淨 深 淨 戒 淨 捨 一 切 疑 淨
衆生 恭敬 供養 衆生 輕慢 毀辱 不
生 瞋 恚 清 淨 捨 常 行 世 間 不

捨	捨	離	乘	器	法	爲
사	사	리	승	기	법	위
遠	不	一	學	亦	器	世
원	불	일	학	역	기	세
離	歎	切	無	不	衆	間
리	탄	체	무	불	중	간
一	二	欲	學	生	生	八
일	이	욕	학	생	생	팔
切	乘	樂	法	嫌	待	法
체	승	락	법	혐	대	법
世	厭	順	清	清	時	所
세	염	순	청	청	시	소
間	離	煩	淨	淨	而	染
간	리	번	정	정	이	염
語	生	惱	捨	捨	化	清
어	생	뇌	사	사	화	청
非	死	法	心	不	於	淨
비	사	법	심	불	어	정
涅	清	清	常	求	無	捨
열	청	청	상	구	무	사
槃	淨	淨	遠	二	法	於
반	정	정	원	이	법	어

사경의 공덕은 십만억 부처님께 공양한 것과 같은 공덕이 있습니다.

生	法	發	淸	一	他	語
菩	待	生	淨	切	語	非
薩	時	念	捨	障	聲	離
往	方	慧	或	菩	聞	欲
昔	化	而	有	薩	獨	語
已	淸	未	衆	道	覺	不
曾	淨	能	生	語	語	順
敎	捨	知	根	皆	略	理
化	或	最	已	悉	說	語
至	有	上	成	遠	乃	惱
於	衆	之	熟	離	至	亂

如	十	實	切	無	淨	佛
來	若	法	種	高	捨	地
無	諸	心	種	無	菩	方
上	菩	得	分	下	薩	可
廣	薩	堪	別	無	摩	調
大	安	忍	恒	取	訶	伏
清	住	清	住	無	薩	彼
淨	其	淨	正	捨	於	亦
捨	中	捨	定	遠	彼	待
	則	是	入	離	二	時
	得	爲	如	一	人	清

사경의 공덕은 십만억 부처님께 공양한 것과 같은 공덕이 있습니다.

三	着	諸	空	固	義	
삼	착	제	공	고	의	
世	一	衆	義	修	何	佛
세	일	중	의	수	하	불
平	切	生	第	行	等	子
평	체	생	제	행	등	자
等	語	諠	一	故	爲	菩
등	어	훤	일	고	위	보
故	言	憒	義	法	十	薩
고	언	궤	의	법	십	살
法	故	故	空	義	所	摩
법	고	고	공	의	소	마
界	如	不	故	善	謂	訶
계	여	불	고	선	위	하
義	實	可	寂	巧	多	薩
의	실	가	적	교	다	살
一	義	說	靜	思	聞	有
일	의	설	정	사	문	유
切	了	義	義	擇	義	十
체	요	의	의	택	의	십
諸	達	不	離	故	堅	種
제	달	불	이	고	견	종

사경의 공덕은 십만억 부처님께 공양한 것과 같은 공덕이 있습니다.

法	順	實	而	諸	智	
一	入	故	修	菩	無	佛
味	故	大	菩	薩	上	子
故	實	般	薩	安	義	菩
眞	際	涅	諸	住		薩
如	義	槃	行	此		摩
義	了	義	故	法		訶
一	知	滅	是	則		薩
切	究	一	爲	得		有
如	竟	切	十	一		十
來	如	苦	若	切		種

사경의 공덕은 십만억 부처님께 공양한 것과 같은 공덕이 있습니다.

法	說	悉	諍	故	無	無
何	修	離	故	離	分	生
等	行	故	寂	欲	別	法
爲	故	無	滅	法	法	猶
十	離	諍	法	一	攀	如
所	取	法	滅	切	緣	虛
謂	法	無	除	貪	分	空
眞	能	有	一	欲	別	不
實	取	一	切	皆	永	動
法	所	切	熱	斷	息	故
如	取	惑	惱	故	故	無

사경의 공덕은 십만억 부처님께 공양한 것과 같은 공덕이 있습니다.

	無	諸	薩	烏	法	爲
佛	上	菩	行	波	自	法
子	廣	薩	修	提	性	離
菩	大	安	習	涅	無	生
薩	法	住	不	槃	染	住
摩		其	斷	法	清	滅
訶		中	故	能	淨	諸
薩		則	是	生	故	相
有		得	爲	一	捨	故
十		如	十	切	一	本
種		來	若	菩	切	性

사경의 공덕은 십만억 부처님께 공양한 것과 같은 공덕이 있습니다.

福德(복덕) 勸衆生(권중생) 起菩提(기보리) 心(심) 是(시) 爲(위) 十(십) 所(소) 謂(위)

福德助道具(복덕조도구) 何等(하등) 爲(위) 十(십) 所謂(소위)

勸順十種廻向(권순십종회향) 不斷菩薩種(부단보살종) 故(고)

德(덕) 助(조) 道(도) 具(구) 超過三界(초과삼계)

善法(선법) 故(고) 智慧(지혜) 誘誨(유회) 是(시) 菩薩(보살) 福(복) 德(덕)

道具(도구) 斷一切不善(단일절불선) 法(법) 集(집) 一切(일체)

順十種廻向(순십종회향) 不是斷菩薩(부단보살) 種(종) 寶(보) 種(종)

德(덕) 助道具(조도구) 起(기) 菩提心(보리심) 是(시) 菩薩(보살) 福(복)

福德助道(복덕조도) 具(구) 何等爲十(하등위십) 所謂(소위)

사경의 공덕은 십만억 부처님께 공양한 것과 같은 공덕이 있습니다.

心심	具구	捨사	德덕	故고	菩보	無무
無무	究구	內내	助조	爲위	薩살	所소
疲피	竟경	外외	道도	滿만	福복	限한
倦권	度도	一일	具구	足족	德덕	故고
是시	脫탈	切체	於어	相상	助조	上상
菩보	一일	所소	一일	好호	道도	中중
薩살	切체	有유	切체	精정	具구	下하
福복	衆중	是시	物물	進진	開개	三삼
德덕	生생	菩보	無무	不불	門문	品품
助조	故고	薩살	所소	退퇴	大대	善선
道도	悉실	福복	着착	是시	施시	根근

사경의 공덕은 십만억 부처님께 공양한 것과 같은 공덕이 있습니다.

如來於一切菩薩起如來想

人弘誓心故恭敬供養一切

是菩薩福德助道具常起

善眾生相皆應生大悲不懷

方便是菩薩福德助道具

輕是菩薩福德助道具善巧

悉以迴向無上菩提心無所

사경의 공덕은 십만억 부처님께 공양한 것과 같은 공덕이 있습니다.

恨其心廣大等虛空界此是
一切眾生心無憂惱亦無捨與
上菩提如掌中然悉捨與
祇劫積集善根自欲取證
堅牢窮故菩薩摩訶薩本於阿僧
薩福德助道具守本志願極
令一切眾生皆生生歡喜是菩

親친	智지		廣광	安안	證증	菩보
近근	慧혜	佛불	大대	住주	大대	薩살
多다	助조	子자	福복	其기	法법	福복
聞문	道도	菩보	德덕	中중	故고	德덕
眞진	具구	薩살	聚취	則즉	是시	助조
善선	何하	摩마		具구	爲위	道도
知지	等등	訶하		足족	十십	具구
識식	爲위	薩살		如여	若약	起기
恭공	十십	有유		來래	諸제	大대
敬경	所소	十십		無무	菩보	智지
供공	謂위	種종		上상	薩살	慧혜

사경의 공덕은 십만억 부처님께 공양한 것과 같은 공덕이 있습니다.

亂란	佛불	不불	語어	矯교	其기	養양
慚참	法법	僞위	意의	故고	教교	尊존
愧괴	器기	不불	業업	永영	是시	重중
柔유	故고	曲곡	無무	離리	爲위	禮례
和화	念염	是시	有유	憍교	一일	拜배
心심	慧혜	爲위	麤추	慢만	一일	種종
安안	隨수	二이	獷광	常상	切체	種종
不부	覺각	其기	柔유	行행	正정	隨수
動동	未미	身신	和화	謙겸	直직	順순
常상	曾증	堪감	善선	敬경	無무	不불
憶억	散산	作작	順순	身신	虛허	違위

사경의 공덕은 십만억 부처님께 공양한 것과 같은 공덕이 있습니다.

爲 위	間 간	論 론	常 상	方 방	堅 견	六 륙
四 사	語 어	及 급	樂 락	便 편	固 고	念 념
一 일	遠 원	世 세	聽 청	故 고	法 법	常 상
心 심	離 리	言 언	聞 문	樂 락	是 시	行 행
憶 억	小 소	說 설	無 무	法 법	爲 위	六 륙
念 념	乘 승	專 전	有 유	樂 락	三 삼	敬 경
無 무	入 입	心 심	厭 염	義 의	與 여	常 상
散 산	大 대	聽 청	足 족	以 이	十 십	隨 수
動 동	乘 승	受 수	捨 사	法 법	種 종	順 순
故 고	慧 혜	出 출	離 리	爲 위	智 지	住 주
六 육	是 시	世 세	世 세	樂 락	爲 위	六 륙

사경의 공덕은 십만억 부처님께 공양한 것과 같은 공덕이 있습니다.

常상	是시	念념	惡악	行행	行행	波바
樂락	爲위	觀관	趣취	聰총	已이	羅라
出출	五오	察찰	歸귀	敏민	成성	蜜밀
離리	堅견	調조	向향	智지	熟숙	心심
不불	固고	伏복	善선	人인	隨수	專전
着착	修수	已이	道도	皆개	順순	荷하
三삼	行행	情정	心심	勤근	明명	負부
有유	眞진	守수	常상	請청	法법	四사
恒항	實실	護호	愛애	問문	悉실	種종
覺각	行행	他타	樂락	遠원	善선	梵범
自자	故고	意의	正정	離리	修수	住주

사경의 공덕은 십만억 부처님께 공양한 것과 같은 공덕이 있습니다.

心曾無惡念三覺已絕三業
皆善決定了知心之自性是
爲六能令自他心淸淨故觀
察五蘊皆如幻事界如如毒蛇
處如空聚一切諸法如如幻如
焰如水中月如夢如影響
如像如空中畫如旋火輪如

羅 라	無 무	寂 적	無 무	住 주	非 비	虹 홍
無 무	我 아	故 고	滅 멸	如 여	常 상	蜺 예
心 심	無 무	菩 보	是 시	是 시	非 비	色 색
無 무	衆 중	薩 살	爲 위	觀 관	斷 단	如 여
境 경	生 생	摩 마	七 칠	察 찰	不 불	日 일
無 무	無 무	訶 하	知 지	知 지	來 래	月 월
貪 탐	壽 수	薩 살	一 일	一 일	不 불	光 광
瞋 진	者 자	聞 문	切 체	切 체	去 거	無 무
癡 치	無 무	一 일	法 법	法 법	亦 역	相 상
無 무	補 보	切 체	性 성	無 무	無 무	無 무
身 신	伽 가	法 법	空 공	生 생	所 소	形 형

사경의 공덕은 십만억 부처님께 공양한 것과 같은 공덕이 있습니다.

無	是	聞	以	訶	住	皆
物	一	已	能	薩	止	悉
無	切	深	成	善	觀	不
主	皆	信	就	調	心	生
無	無	不	圓	諸	意	無
待	所	疑	滿	根	寂	我
無	有	不	解	如	靜	無
着	悉	謗	故	理	一	人
無	歸	是	菩	修	切	無
行	寂	爲	薩	行	動	作
如	滅	八	摩	恒	念	無

사경의 공덕은 십만억 부처님께 공양한 것과 같은 공덕이 있습니다.

性성	無무	衆중	無무	得득	瘡창	行행
離리	所소	生생	有유	之지	疣우	無무
無무	住주	一일	精정	忍인	無무	計계
所소	非비	切체	進진	身신	有유	我아
從종	此차	諸제	亦역	語어	癬반	想상
來래	岸안	法법	無무	意의	痕흔	無무
無무	非비	心심	勇용	業업	亦역	計계
所소	彼피	皆개	猛맹	無무	無무	我아
至지	岸안	平평	觀관	來래	於어	業업
去거	此차	等등	一일	無무	此차	無무
常상	彼피	而이	切체	去거	所소	有유

사경의 공덕은 십만억 부처님께 공양한 것과 같은 공덕이 있습니다.

界	空	土	法	薩	分	以
계	공	토	법	살	분	이
淸	淸	淸	淸	見	別	智
청	청	청	청	견	별	지
淨	淨	淨	淨	緣	相	慧
정	정	정	정	연	상	혜
故	故	故	故	起	彼	如
고	고	고	고	기	피	여
見	見	見	見	法	岸	是
견	견	견	견	법	안	시
智	法	虛	國	故	處	思
지	법	허	국	고	처	사
慧	界	空	土	見	故	惟
혜	계	공	토	견	고	유
淸	淸	淸	淸	法	菩	是
청	청	청	청	법	보	시
淨	淨	淨	淨	淸	薩	爲
정	정	정	정	청	살	위
是	見	見	見	淨	摩	九
시	견	견	견	정	마	구
爲	法	虛	國	見	訶	到
위	법	허	국	견	하	도

사경의 공덕은 십만억 부처님께 공양한 것과 같은 공덕이 있습니다.

十修行 積集 一切智 故 佛子 是 為 菩薩摩訶薩 一切智 智 故 佛子 助道 具 如 來 若 諸 菩薩 摩訶薩 安住 此 法 則 得 微妙 智 慧 聚 淨 佛 子 菩 薩 摩 訶 薩 有 十 種 明 足 何 等 為 十 所 謂 善 分 別

사경의 공덕은 십만억 부처님께 공양한 것과 같은 공덕이 있습니다.

前 전	眼 안	業 업	能 능	根 근	離 이	諸 제
際 제	智 지	成 성	深 심	明 명	顚 전	法 법
淸 청	普 보	就 취	入 입	足 족	倒 도	明 명
淨 정	觀 관	盡 진	眞 진	巧 교	見 견	足 족
明 명	察 찰	智 지	諦 제	發 발	明 명	不 불
足 족	明 명	無 무	智 지	起 기	足 족	取 취
漏 누	足 족	生 생	明 명	正 정	智 지	着 착
盡 진	宿 숙	智 지	足 족	精 정	慧 혜	諸 제
神 신	住 주	明 명	滅 멸	進 진	光 광	法 법
通 통	念 념	足 족	煩 번	明 명	照 조	明 명
智 지	知 지	天 천	惱 뇌	足 족	諸 제	足 족

사경의 공덕은 십만억 부처님께 공양한 것과 같은 공덕이 있습니다.

離	法	求		於	諸	斷
리	법	구		어	제	단
懈	無	法	佛	一	菩	衆
해	무	법	불	일	보	중
慢	有	何	子	切	薩	生
만	유	하	자	체	살	생
故	諂	等	菩	佛	安	諸
고	첨	등	보	불	안	제
一	誑	爲	薩	法	住	漏
일	광	위	살	법	주	루
向	故	十	摩	無	此	明
향	고	십	마	무	차	명
求	精	所	訶	上	法	足
구	정	소	하	상	법	족
法	進	謂	薩	大	則	是
법	진	위	살	대	즉	시
不	求	直	有	光	得	爲
불	구	직	유	광	득	위
惜	法	心	十	明	如	十
석	법	심	십	명	여	십
身	遠	求	種		來	若
신	원	구	종		래	약

사경의 공덕은 십만억 부처님께 공양한 것과 같은 공덕이 있습니다.

心	樂	字	利	自	法	命
심	락	자	리	자	법	명
故	故	故	故	他	不	故
고	고	고	고	타	불	고
爲	爲	爲	爲	一	爲	爲
위	위	위	위	일	위	위
斷	度	出	入	切	名	除
단	도	출	입	체	명	제
一	衆	生	智	衆	利	一
일	중	생	지	중	리	일
切	生	死	慧	生	恭	切
체	생	사	혜	생	공	체
衆	求	求	求	求	敬	衆
중	구	구	구	구	경	중
生	法	法	法	法	故	生
생	법	법	법	법	고	생
疑	發	不	不	不	爲	煩
의	발	불	불	부	위	번
求	菩	貪	樂	但	饒	惱
구	보	탐	락	단	요	뇌
法	提	世	文	自	益	求
법	리	세	문	자	익	구

사경의 공덕은 십만억 부처님께 공양한 것과 같은 공덕이 있습니다.

世세	明명		敎교	菩보	法법	令영
俗속	了료	佛불	一일	薩살	不불	無무
生생	法법	子자	切체	安안	樂락	猶유
長장	何하	菩보	佛불	住주	餘여	豫예
善선	等등	薩살	法법	此차	乘승	故고
根근	爲위	摩마	大대	法법	故고	爲위
是시	十십	訶하	智지	則즉	是시	滿만
童동	所소	薩살	慧혜	得득	爲위	足족
蒙몽	謂위	有유		不불	十십	佛불
凡범	隨수	十십		由유	若약	法법
夫부	順순	種종		他타	諸제	求구

사경의 공덕은 십만억 부처님께 공양한 것과 같은 공덕이 있습니다.

明	自	修	人	道	結	陀
명	자	수	인	도	결	다
了	性	習	明	是	斷	洹
료	성	습	명	시	단	원
法	是	法	了	第	生	人
법	시	법	료	제	생	인
得	隨	隨	法	八	死	明
득	수	수	법	팔	사	명
無	信	順	遠	人	漏	了
무	신	순	원	인	루	료
礙	行	法	離	明	見	法
애	행	법	리	명	견	법
不	人	住	八	了	眞	觀
불	인	주	팔	료	진	관
壞	明	是	邪	法	實	味
괴	명	시	사	법	실	미
信	了	隨	向	除	諦	是
신	료	수	향	제	제	시
覺	法	法	八	滅	是	患
각	법	법	팔	멸	시	환
法	勤	行	正	衆	須	知
법	근	행	정	중	수	지

사경의 공덕은 십만억 부처님께 공양한 것과 같은 공덕이 있습니다.

察	是	八	那	法	不	無
찰	시	팔	나	법	불	무
一	阿	解	含	乃	樂	往
일	아	해	함	내	락	왕
味	羅	脫	人	至	三	來
미	라	탈	인	지	삼	래
緣	漢	九	明	一	界	是
연	한	구	명	일	계	시
起	人	定	了	念	求	斯
기	인	정	료	념	구	사
心	明	四	法	不	盡	陀
심	명	사	법	불	진	다
常	了	辯	獲	生	有	含
상	료	변	획	생	유	함
寂	法	悉	六	愛	漏	人
적	법	실	육	애	루	인
靜	性	皆	神	着	於	明
정	성	개	신	착	어	명
知	樂	成	通	是	受	了
지	락	성	통	시	수	료
足	觀	就	得	阿	生	法
족	관	취	득	아	생	법

사경의 공덕은 십만억 부처님께 공양한 것과 같은 공덕이 있습니다.

是시	力력	福복	利리	人인	就취	少소
菩보	無무	智지	常상	明명	種종	事사
薩살	畏외	助조	樂락	了료	種종	解해
人인	一일	道도	度도	法법	神신	因인
明명	切체	之지	脫탈	智지	通통	自자
了료	功공	法법	一일	慧혜	智지	得득
法법	德덕	如여	切체	廣광	慧혜	悟오
是시	具구	來래	衆중	大대	是시	不불
爲위	足족	所소	生생	諸제	辟벽	由유
十십	圓원	有유	勤근	根근	支지	他타
若약	滿만	十십	修수	明명	佛불	成성

사경의 공덕은 십만억 부처님께 공양한 것과 같은 공덕이 있습니다.

諸	無		修	尊	諸	佛
菩	上	佛	行	重	天	所
薩	大	子	法	諸	之	常
安	智	菩	何	善	所	懷
住	明	薩	等	知	覺	慚
此	了	摩	爲	識	悟	愧
法	法	訶	十	修	修	修
則		薩	所	行	行	行
得	有	謂	法	法	法	法
如	十	恭	常	於	哀
來	種	敬	爲	諸	愍

사경의 공덕은 십만억 부처님께 공양한 것과 같은 공덕이 있습니다.

性 煩 求 勤 隨 究 衆
성 번 구 근 수 구 중
勝 惱 正 修 逐 竟 生
승 뇌 정 수 축 경 생
劣 業 道 學 發 心 不
렬 업 도 학 발 심 불
而 修 修 修 大 無 捨
이 수 수 수 대 무 사
爲 行 行 行 乘 變 生
위 행 행 행 승 변 생
說 法 法 法 心 動 死
설 법 법 법 심 동 사
法 知 摧 遠 諸 修 修
법 지 최 원 제 수 수
令 諸 破 離 菩 行 行
영 제 파 리 보 행 행
住 衆 衆 邪 薩 法 法
주 중 중 사 살 법 법
佛 生 魔 見 衆 專 事
불 생 마 견 중 전 사
地 根 及 勤 精 念 必
지 근 급 근 정 념 필

사경의 공덕은 십만억 부처님께 공양한 것과 같은 공덕이 있습니다.

修行法 除滅十煩惱 令諸菩薩身 清淨 修其行中 法界廣大法

則是得如來無上菩薩摩訶薩有十種

魔 何等為十 所謂 蘊魔 謂諸

取故 煩惱魔 魔恒雜染故 業魔

大方廣佛華嚴經 57

速	爲	菩	耽	善	魔	能
速	위	보	탐	선	마	능
求	十	提	味	根	捨	障
구	십	리	미	근	사	장
遠	菩	法	故	魔	生	礙
원	보	법	고	마	생	애
離	薩	智	善	恒	處	故
리	살	지	선	항	처	고
	摩	魔	知	執	故	心
	마	마	지	집	고	심
	訶	不	識	取	天	魔
	하	불	식	취	천	마
	薩	願	魔	故	魔	起
	살	원	마	고	마	기
	應	捨	起	三	自	高
	응	사	기	삼	자	고
	作	離	着	昧	憍	慢
	작	리	착	매	교	만
	方	故	心	魔	縱	故
	방	고	심	마	종	고
	便	是	故	久	故	死
	편	시	고	구	고	사

사경의 공덕은 십만억 부처님께 공양한 것과 같은 공덕이 있습니다.

慳 간	慧 혜	遠 원	心 심	提 리	魔 마	
悋 린	是 시	懈 해	布 보	心 심	業 업	佛 불
有 유	爲 위	怠 태	施 시	修 수	何 하	子 자
堪 감	魔 마	者 자	瞋 진	諸 제	等 등	菩 보
化 화	業 업	輕 경	心 심	善 선	爲 위	薩 살
者 자	於 어	慢 만	持 지	根 근	十 십	摩 마
而 이	甚 심	亂 란	戒 계	是 시	所 소	訶 하
不 불	深 심	意 의	捨 사	爲 위	謂 위	薩 살
爲 위	法 법	譏 기	惡 악	魔 마	忘 망	有 유
說 설	心 심	嫌 혐	性 성	業 업	失 실	十 십
若 약	生 생	惡 오	人 인	惡 악	菩 보	種 종

得	而	聞	修	懈	大	識
득	이	문	수	해	대	식
財	强	諸	行	怠	菩	近
재	강	제	행	태	보	근
利	爲	波	雖	故	提	惡
리	위	바	수	고	리	악
恭	說	羅	亦	志	法	知
공	설	라	역	지	법	지
敬	是	蜜	修	意	是	識
경	시	밀	수	의	시	식
供	爲	假	行	狹	爲	樂
공	위	가	행	협	위	낙
養	魔	使	多	劣	魔	求
양	마	사	다	렬	마	구
雖	業	聞	生	不	業	二
수	업	문	생	불	업	이
非	不	說	懈	求	遠	乘
비	불	설	해	구	원	승
法	樂	而	怠	無	善	不
법	락	이	태	무	선	불
器	聽	不	以	上	知	樂
기	청	불	이	상	지	락

사경의 공덕은 십만억 부처님께 공양한 것과 같은 공덕이 있습니다.

不불	使사	魔마	惡악	惡악	爲위	受수
生생	得득	業업	斷단	眼안	魔마	生생
尊존	聞문	誹비	彼피	視시	業업	志지
重중	便편	謗방	所소	之지	於어	尙상
言언	生생	正정	有유	求구	菩보	涅열
自자	毁훼	法법	財재	其기	薩살	槃반
說설	呰자	不불	利리	罪죄	所소	離리
是시	見견	樂락	供공	釁흔	起기	欲욕
餘여	人인	聽청	養양	說설	瞋진	寂적
說설	說설	聞문	是시	其기	恚에	靜정
悉실	法법	假가	爲위	過과	心심	是시

사경의 공덕은 십만억 부처님께 공양한 것과 같은 공덕이 있습니다.

肯 긍	養 양	脫 탈	住 주	以 이	文 문	非 비
親 친	之 지	已 이	於 어	妙 묘	詞 사	是 시
近 근	未 미	安 안	邪 사	義 의	開 개	爲 위
亦 역	得 득	隱 은	道 도	授 수	闡 천	魔 마
不 불	解 해	者 자	是 시	非 비	二 이	業 업
教 교	脫 탈	常 상	爲 위	其 기	乘 승	樂 낙
化 화	未 미	樂 락	魔 마	人 인	隱 은	學 학
是 시	安 안	親 친	業 업	遠 원	覆 부	世 세
爲 위	隱 은	近 근	已 이	離 리	深 심	論 론
魔 마	者 자	而 이	得 득	菩 보	法 법	巧 교
業 업	不 불	供 공	解 해	提 리	或 혹	述 술

사경의 공덕은 십만억 부처님께 공양한 것과 같은 공덕이 있습니다.

捨離魔業何等爲十所謂
　佛子菩薩摩訶薩有
應速遠離勤求佛業
爲魔業是　爲弊惡不難求正法悟眞實
智慧其心惱害不有恭敬於諸衆
生多行我慢無有恭敬於諸衆

사경의 공덕은 십만억 부처님께 공양한 것과 같은 공덕이 있습니다.

法법	捨사	離리	魔마	業업	不불	善선
捨사	離리	魔마	業업	於어	自자	知지
離리	魔마	業업	未미	佛불	尊존	識식
魔마	業업	勤근	曾증	深심	擧거	恭공
業업	常상	修수	忘망	法법	不불	敬경
恒항	求구	妙묘	失실	信신	自자	供공
演연	一일	行행	一일	解해	讚찬	養양
說설	切체	恒항	切체	不불	歎탄	捨사
法법	菩보	不불	智지	謗방	捨사	離리
心심	薩살	放방	心심	捨사	離리	魔마
無무	藏장	逸일	捨사	離리	魔마	業업

사경의 공덕은 십만억 부처님께 공양한 것과 같은 공덕이 있습니다.

則즉	是시	種종	持지	信신	切체	疲피
能능	爲위	善선	捨사	受수	諸제	倦권
出출	十십	根근	離리	憶억	佛불	捨사
離리	若약	平평	魔마	念념	起기	離리
一일	諸제	等등	業업	一일	救구	魔마
切체	菩보	無무	與여	切체	護호	業업
魔마	薩살	二이	一일	諸제	想상	歸귀
道도	安안	捨사	切체	佛불	捨사	依의
	住주	離리	菩보	神신	離리	十시
	此차	魔마	薩살	力력	魔마	方방
	法법	業업	同동	加가	業업	一일

昧界佛出世見
매 계 불 출 세 견
佛佛隨生間佛佛
불 불 수 생 간 불 불
無普順見成何子
무 보 순 견 성 하 자
量至見業正等菩
량 지 견 업 정 등 보
無見涅報覺爲薩
무 견 열 보 각 위 살
依心槃佛佛十摩
의 심 반 불 불 십 마
見佛佛深無所訶
견 불 불 심 무 소 하
本安深信着謂薩
본 안 심 신 착 위 살
性住入見見於有
성 주 입 견 견 어 유
佛見見住願安十
불 견 견 주 원 안 십
明三法持佛住種
명 삼 법 지 불 주 종

令령	導도	佛불		見견	若약	了료
見견	是시	業업	佛불	無무	諸제	見견
是시	佛불	何하	子자	上상	菩보	隨수
佛불	業업	等등	菩보	如여	薩살	樂락
業업	令영	爲위	薩살	來래	安안	佛불
覺각	正정	十십	摩마		住주	普보
昔석	修수	所소	訶하		此차	受수
善선	行행	謂위	薩살		法법	見견
根근	故고	隨수	有유		則즉	是시
故고	夢몽	時시	十십		常상	爲위
爲위	中중	開개	種종		得득	十십

사경의 공덕은 십만억 부처님께 공양한 것과 같은 공덕이 있습니다.

大方廣佛華嚴經

他	生	說	心	至	惑	來
演	智	出	故	惡	心	衆
說	斷	離	若	慧	散	相
所	疑	法	有	心	動	莊
未	故	是	衆	二	心	嚴
聞	爲	爲	生	乘	憍	身
經	悔	佛	起	心	慢	是
是	纏	業	慳	損	心	佛
佛	所	令	悋	害	爲	業
業	纏	離	心	心	現	生
令	者	疑	乃	疑	如	長

사경의 공덕은 십만억 부처님께 공양한 것과 같은 공덕이 있습니다.

過 과	廣 광	尼 니	衆 중	有 유	界 계	對 대
去 거	爲 위	智 지	生 생	魔 마	等 등	治 치
善 선	說 설	神 신	是 시	事 사	聲 성	令 영
根 근	法 법	通 통	佛 불	起 기	說 설	其 기
故 고	令 영	智 지	業 업	能 능	不 불	開 개
於 어	其 기	普 보	勝 승	以 이	損 손	悟 오
正 정	聞 문	能 능	解 해	方 방	惱 뇌	衆 중
法 법	已 이	利 이	淸 청	便 편	他 타	魔 마
難 난	得 득	益 익	淨 정	現 현	法 법	聞 문
遇 우	陀 다	無 무	故 고	虛 허	以 이	已 이
時 시	羅 라	量 량	若 약	空 공	爲 위	威 위

사경의 공덕은 십만억 부처님께 공양한 것과 같은 공덕이 있습니다.

光德不生境死相
歇大令根界結續
滅故證性是漏不
是其入未佛一斷
佛心二熟業切以
業無乘終本皆大
志間正不願離悲
樂常位爲所修心
殊自若說作菩攝
勝守有解故薩取
威護衆脫生行衆

사경의 공덕은 십만억 부처님께 공양한 것과 같은 공덕이 있습니다.

大方廣佛華嚴經 70

生令其起行究竟解脫是菩薩佛

業不斷修行菩薩行以故眾菩薩生

摩訶薩了達自身及眾生修生

本來寂滅不驚不怖而一切勤修法

福智無有厭足雖知諸法一切法自

無有造作而不捨諸法自

相雖於諸境界永離貪欲而

사경의 공덕은 십만억 부처님께 공양한 것과 같은 공덕이 있습니다.

來	衆	雖	虛	求	由	常
不	生	恒	空	一	他	樂
動	無	觀	而	切	悟	瞻
而	有	察	常	智	入	奉
以	疲	無	樂	雖	於	諸
神	厭	人	莊	知	法	佛
通	雖	無	嚴	諸	而	色
智	於	我	一	國	種	身
力	法	而	切	土	種	雖
現	界	敎	佛	皆	方	知
衆	本	化	刹	如	便	不

사경의 공덕은 십만억 부처님께 공양한 것과 같은 공덕이 있습니다.

變化 修法 眾 而 於 受
化 菩 不 心 不 大 生
雖 薩 可 喜 厭 般 能
已 行 言 雖 捨 涅 作
成 無 說 能 菩 槃 如
就 有 而 示 薩 而 是
一 休 轉 諸 之 一 權
切 息 淨 身 雖 切 實
智 雖 法 佛 雖 處 雙
智 知 輪 神 現 示 行
而 令 力 入 現 法

사경의 공덕은 십만억 부처님께 공양한 것과 같은 공덕이 있습니다.

是	住	無		慢	父	向
시	주	무		만	부	향
佛	其	師		業	母	正
불	기	사		업	모	정
業	中	廣	子	何	沙	道
업	중	광	자	하	사	도
是	則	大	菩	等	門	者
시	즉	대	보	등	문	자
爲	得	業	薩	爲	婆	尊
위	득	업	살	위	바	존
十	不		摩	十	羅	重
십	불		마	십	라	중
若	由		訶	所	門	福
약	유		하	소	문	복
諸	他		薩	謂	住	田
제	타		살	위	주	전
菩	敎		有	於	於	所
보	교		유	어	어	소
薩	無		十	師	正	而
살	무		십	사	정	이
安	上		種	僧	道	不
안	상		종	승	도	불

사경의 공덕은 십만억 부처님께 공양한 것과 같은 공덕이 있습니다.

恭敬是 勝陀無心慢肯
法羅有及業歎
於法尼休於於美
慢乘演息於眾令
業大說而說所人
或乘契於法中信
有知經其不聞受
法出廣所生說是
師要大起恭妙慢
獲道之高敬法業
最得法慢是不好

사경의 공덕은 십만억 부처님께 공양한 것과 같은 공덕이 있습니다.

嫌 혐	是 시	法 법	讚 찬	慢 만	不 부	起 기
其 기	眞 진	師 사	歎 탄	見 견	知 지	過 과
法 법	實 실	爲 위	不 불	有 유	自 자	慢 만
自 자	是 시	人 인	生 생	德 덕	短 단	自 자
起 기	佛 불	說 설	歡 환	人 인	是 시	高 고
誹 비	語 어	法 법	喜 희	應 응	慢 만	陵 능
謗 방	爲 위	知 지	是 시	讚 찬	業 업	物 물
亦 역	嫌 혐	是 시	慢 만	不 불	好 호	不 불
令 령	其 기	法 법	業 업	讚 찬	起 기	見 견
他 타	人 인	是 시	見 견	見 견	過 과	己 기
謗 방	亦 역	律 률	有 유	他 타	過 과	失 실

사경의 공덕은 십만억 부처님께 공양한 것과 같은 공덕이 있습니다.

大方廣佛華嚴經 76

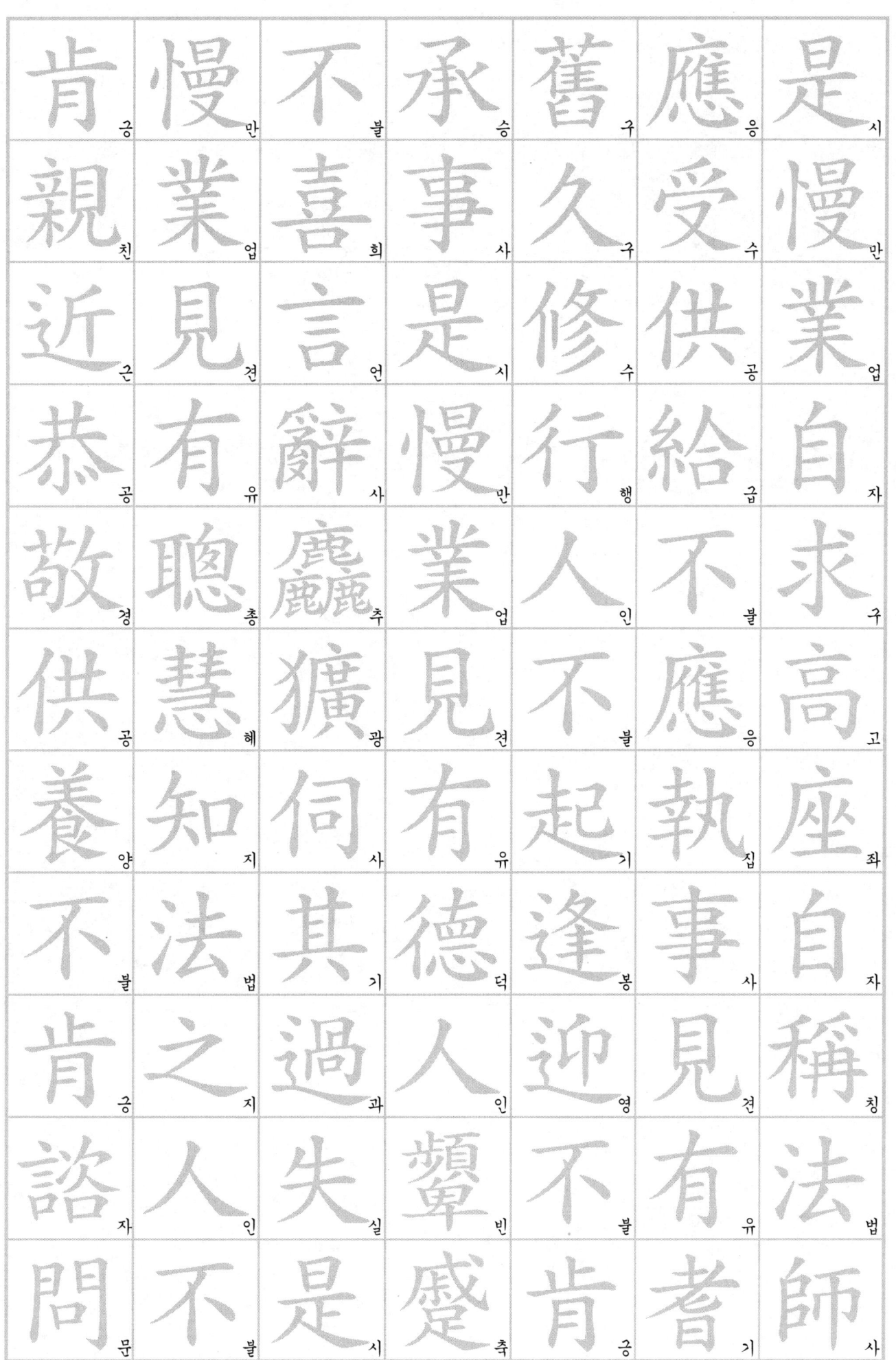

사경의 공덕은 십만억 부처님께 공양한 것과 같은 공덕이 있습니다.

親친	生생	見견	愚우	長장	作작	何하
近근	慢만	出출	癡치	夜야	何하	等등
恭공	心심	要요	頑완	中중	等등	爲위
敬경	所소	之지	很흔	而이	不불	善선
供공	覆부	道도	我아	得득	應응	何하
養양	諸제	是시	慢만	種종	作작	等등
新신	佛불	慢만	所소	種종	作작	不불
善선	出출	業업	呑탄	利이	何하	善선
不불	世세	復부	終종	益익	等등	何하
起기	不불	有유	不불	安안	業업	等등
舊구	能능	衆중	能능	樂락	於어	應응

사경의 공덕은 십만억 부처님께 공양한 것과 같은 공덕이 있습니다.

等	離	悟	但	百	而	善
등	이	오	단	백	이	선
爲	此	是	以	千	諍	消
위	차	시	이	천	쟁	소
十	慢	慢	曾	劫	未	滅
십	만	만	증	겁	미	멸
所	業	業	發	尚	來	不
소	업	업	발	상	래	불
謂	則	是	菩	不	必	應
위	즉	시	보	불	필	응
信	得	爲	提	値	墮	說
신	득	위	리	치	타	설
解	十	十	心	佛	險	而
해	십	십	심	불	험	이
業	種	若	故	何	難	說
업	종	약	고	하	난	설
報	智	諸	終	況	深	不
보	지	제	종	황	심	불
不	業	菩	自	聞	坑	應
불	업	보	자	문	갱	응
壞	何	薩	醒	法	於	諍
괴	하	살	성	법	어	쟁

사경의 공덕은 십만억 부처님께 공양한 것과 같은 공덕이 있습니다.

菩	於	遠	是	敬	念	因
보	어	원	시	경	념	인
薩	一	離	智	供	諸	果
살	일	리	지	공	제	과
起	切	邪	業	養	佛	是
기	체	사	업	양	불	시
如	衆	念	樂	其	是	智
여	중	념	낙	기	시	지
來	生	勤	法	心	智	業
래	생	근	법	심	지	업
想	離	修	樂	尊	業	不
상	이	수	락	존	업	불
愛	於	正	義	重	近	捨
애	어	정	의	중	근	사
重	我	念	無	終	善	菩
중	아	념	무	종	선	보
正	慢	是	有	無	知	提
정	만	시	유	무	지	리
法	於	智	厭	厭	識	心
법	어	지	염	염	식	심
如	諸	業	足	怠	恭	常
여	제	업	족	태	공	상

사경의 공덕은 십만억 부처님께 공양한 것과 같은 공덕이 있습니다.

修수	切체	起기	聖성	身신	於어	惜석
行행	法법	離이	隨수	語어	修수	己기
於어	是시	諸제	順순	意의	行행	身신
諸제	智지	邪사	菩보	業업	者자	尊존
波바	業업	見견	提리	無무	生생	奉봉
羅라	十십	破파	是시	諸제	諸제	如여
蜜밀	種종	暗암	智지	不불	佛불	來래
起기	廻회	得득	業업	善선	想상	如여
慈자	向향	明명	不불	讚찬	是시	護호
母모	隨수	照조	壞괴	美미	智지	己기
想상	順순	一일	緣연	賢현	業업	命명

사경의 공덕은 십만억 부처님께 공양한 것과 같은 공덕이 있습니다.

於어	淨정	多다	道도	是시	能능	切체
善선	心심	聞문	之지	智지	破파	障장
巧교	入입	止지	法법	業업	衆중	蓋개
方방	菩보	觀관	常상	若약	魔마	纏전
便편	提리	福복	勤근	有유	煩번	縛박
起기	舍사	慧혜	積적	一일	惱뇌	能능
慈자	是시	如여	集집	業업	鬪투	教교
父부	智지	是시	無무	爲위	諍쟁	化화
想상	業업	一일	有유	佛불	能능	調조
以이	施시	切체	厭염	所소	離리	伏복
深심	戒계	助조	倦권	讚찬	一일	一일

사경의 공덕은 십만억 부처님께 공양한 것과 같은 공덕이 있습니다.

	上 상	則 즉	是 시	皆 개	法 법	切 체
佛 불	大 대	得 득	爲 위	勤 근	能 능	衆 중
子 자	智 지	如 여	十 십	修 수	嚴 엄	生 생
菩 보	業 업	來 래	若 약	習 습	淨 정	能 능
薩 살		一 일	諸 제	無 무	佛 불	隨 수
摩 마		切 체	菩 보	有 유	刹 찰	順 순
訶 하		善 선	薩 살	懈 해	能 능	智 지
薩 살		巧 교	安 안	退 퇴	發 발	慧 혜
有 유		方 방	住 주	是 시	起 기	攝 섭
十 십		便 편	其 기	智 지	通 통	取 취
種 종		無 무	中 중	業 업	明 명	正 정

사경의 공덕은 십만억 부처님께 공양한 것과 같은 공덕이 있습니다.

魔除大持所怠魔
所煩願受攝心所
攝惱魔一持魔攝
持魔所非於所持
捨所攝餘少攝何
菩攝持魔行持等
薩持樂所生志爲
行永處攝足樂十
魔斷寂持魔狹所
所生滅不所劣謂
攝死斷發攝魔懈

사경의 공덕은 십만억 부처님께 공양한 것과 같은 공덕이 있습니다.

大方廣佛華嚴經 84

菩	之	等	攝		正	持
提	心	爲	持	若	法	不
心	佛	十	則	諸	魔	化
不	所	所	得	菩	所	衆
令	攝	謂	十	薩	攝	生
忘	持	初	種	能	持	魔
失	於	始	佛	棄	是	所
佛	生	能	所	捨	爲	攝
所	生	發	攝	此	十	持
攝	中	菩	持	魔		疑
持	持	提	何	所		謗

사경의 공덕은 십만억 부처님께 공양한 것과 같은 공덕이 있습니다.

所乘果佛所持覺
攝法佛所攝聞諸
持而所攝持諸魔
樂不攝持知波事
觀證持觀生羅悉
無取爲甚死蜜能
爲彼諸深苦如遠
法乘衆法而說離
而解生得不修佛
不脫說無厭行所
住佛二量惡佛攝

사경의 공덕은 십만억 부처님께 공양한 것과 같은 공덕이 있습니다.

其기	佛불	生생	而이	所소	住주	力력
中중	所소	佛불	起기	攝섭	其기	
於어	攝섭	所소	菩보	持지	中중	
有유	持지	攝섭	薩살	是시	則즉	
爲위	至지	持지	行행	爲위	得득	
無무	無무	雖수	不부	十십	諸제	
爲위	生생	證증	斷단	若약	佛불	
不불	處처	得득	菩보	諸제	無무	
生생	而이	一일	薩살	菩보	上상	
二이	現현	切체	種종	薩살	攝섭	
想상	受수	智지	佛불	安안	持지	

사경의 공덕은 십만억 부처님께 공양한 것과 같은 공덕이 있습니다.

緣연	滅멸	無무	切체	一일	法법	
起기	涅열	我아	行행	切체	所소	佛불
無무	槃반	法법	苦고	行행	攝섭	子자
緣연	法법	所소	法법	無무	持지	菩보
則즉	所소	攝섭	所소	常상	何하	薩살
不불	攝섭	持지	攝섭	法법	等등	摩마
起기	持지	知지	持지	所소	爲위	訶하
法법	知지	一일	知지	攝섭	十십	薩살
所소	諸제	切체	一일	持지	所소	有유
攝섭	法법	法법	切체	知지	謂위	十십
持지	從종	寂적	行행	一일	知지	種종

사경의 공덕은 십만억 부처님께 공양한 것과 같은 공덕이 있습니다.

知 지	明 명	惟 유	至 지	脫 탈	出 출	波 바
不 부	起 기	滅 멸	老 로	門 문	生 생	羅 라
正 정	故 고	故 고	死 사	出 출	獨 독	蜜 밀
思 사	乃 내	無 무	滅 멸	生 생	覺 각	四 사
惟 유	至 지	明 명	法 법	聲 성	乘 승	攝 섭
故 고	老 로	滅 멸	所 소	聞 문	法 법	法 법
起 기	死 사	無 무	攝 섭	乘 승	所 소	出 출
於 어	起 기	明 명	持 지	證 증	攝 섭	生 생
無 무	不 부	滅 멸	知 지	無 무	持 지	大 대
明 명	正 정	故 고	三 삼	諍 쟁	知 지	乘 승
無 무	思 사	乃 내	解 해	法 법	六 육	法 법

사경의 공덕은 십만억 부처님께 공양한 것과 같은 공덕이 있습니다.

法	住	所	切	法	切	所
所	其	攝	取	所	衆	攝
攝	中	持	離	攝	生	持
持	則	是	前	持	一	知
	得	爲	後	知	切	一
	一	十	際	斷	世	切
切	若	隨	一	是	刹	
諸	諸	順	切	佛	一	
	佛	菩	涅	念	智	切
	無	薩	槃	捨	境	法
	上	安	法	一	界	一

사경의 공덕은 십만억 부처님께 공양한 것과 같은 공덕이 있습니다.

	天천	所소	法법	切체	發발	爲위
佛불	有유	謂위	言언	快쾌	菩보	色색
子자	十십	爲위	一일	樂락	提리	界계
菩보	種종	欲욕	切체	悉실	心심	諸제
薩살	所소	界계	自자	當당	是시	天천
摩마	作작	諸제	在재	哀애	爲위	說설
訶하	業업	天천	皆개	謝사	第제	入입
薩살	何하	子자	是시	勸권	一일	出출
住주	等등	說설	無무	彼피	所소	諸제
兜도	爲위	厭염	常상	諸제	作작	禪선
率솔	十십	離리	一일	天천	業업	解해

사경의 공덕은 십만억 부처님께 공양한 것과 같은 공덕이 있습니다.

二勸爲一者因脫
所其清切則愛三
作令淨色爲復昧
業發爲非其起若
菩菩說色說身於
薩提不法如見其
摩之淨起實邪中
訶心皆顚智見而
薩是是倒慧無生
住爲無想若明愛
兜第常以於等着

사경의 공덕은 십만억 부처님께 공양한 것과 같은 공덕이 있습니다.

率	放	隨	法	生	提	薩
솔	방	수	법	생	리	살
天	光	衆	衆	於	之	摩
천	광	중	중	어	지	마
入	明	生	生	兜	心	訶
입	명	생	생	도	심	하
三	徧	心	聞	率	是	薩
삼	변	심	문	솔	시	살
昧	照	以	已	天	爲	在
매	조	이	이	천	위	재
名	三	種	信	中	第	兜
명	삼	종	신	중	제	도
光	千	種	心	勸	三	率
광	천	종	심	권	삼	솔
明	大	音	淸	其	所	天
명	대	음	청	기	소	천
莊	千	而	淨	令	作	以
장	천	이	정	령	작	이
嚴	世	爲	命	發	業	無
엄	세	위	명	발	업	무
身	界	說	終	菩	菩	障
신	계	설	종	보	보	장

사경의 공덕은 십만억 부처님께 공양한 것과 같은 공덕이 있습니다.

智所大母互切礙
所行莊胎相菩眼
有之嚴初見薩普
功行而見彼見
德以復出論諸十
不彼示家說菩方
離行現往薩兜
本故往詣妙皆率
處成昔道法亦天
而此已場謂見中
　能大來具神此一

大方廣佛華嚴經

薩살	皆개	菩보	衆중	十시	作작	示시
所소	滿만	薩살	皆개	方방	業업	現현
應응	其기	摩마	悉실	一일	菩보	如여
住주	願원	訶하	來래	切체	薩살	是시
地지	生생	薩살	集집	兜도	摩마	等등
所소	歡환	欲욕	恭공	率솔	訶하	事사
行행	喜희	令령	敬경	天천	薩살	是시
所소	故고	彼피	圍위	宮궁	住주	爲위
斷단	隨수	諸제	遶요	諸제	兜도	第제
所소	彼피	菩보	爾이	菩보	率솔	四사
修수	菩보	薩살	時시	薩살	天천	所소

사경의 공덕은 십만억 부처님께 공양한 것과 같은 공덕이 있습니다.

詣예	欲욕	率솔	五오	各각	說설	所소
菩보	壞괴	天천	所소	還환	法법	證증
薩살	亂란	時시	作작	本본	已이	演연
所소	菩보	欲욕	業업	土토	皆개	說설
爾이	薩살	界계	菩보	所소	大대	法법
時시	業업	主주	薩살	住주	歡환	門문
菩보	故고	天천	摩마	宮궁	喜희	彼피
薩살	眷권	魔마	訶하	殿전	得득	諸제
爲위	屬속	波파	薩살	是시	未미	菩보
摧최	圍위	旬순	住주	爲위	曾증	薩살
伏복	遶요	爲위	兜도	第제	有유	聞문

사경의 공덕은 십만억 부처님께 공양한 것과 같은 공덕이 있습니다.

作작	三삼	薩살	令영	柔유	波바	魔마
業업	藐막	自자	魔마	軟연	羅라	軍군
菩보	三삼	在재	波파	麤추	蜜밀	故고
薩살	菩보	威위	旬순	獷광	方방	住주
摩마	提리	力력	不부	二이	便편	金금
訶하	心심	皆개	得득	種종	善선	剛강
薩살	是시	發발	其기	語어	巧교	道도
住주	爲위	阿아	便편	而이	智지	所소
兜도	第제	耨녹	魔마	爲위	慧혜	攝섭
率솔	六륙	多다	見견	說설	門문	般반
天천	所소	羅라	菩보	法법	以이	若야

사경의 공덕은 십만억 부처님께 공양한 것과 같은 공덕이 있습니다.

薩	那	天	事	今	時	知
살	나	천	사	금	시	지
見	由	子	若	日	菩	欲
견	유	자	약	일	보	욕
諸	他	聞	欲	菩	薩	界
제	타	문	욕	보	살	계
天	衆	是	見	薩	出	諸
천	중	시	견	살	출	제
衆	皆	語	者	當	大	天
중	개	어	자	당	대	천
皆	來	已	宜	於	音	子
개	래	이	의	어	음	자
來	集	無	速	宮	聲	不
래	집	무	속	궁	성	불
集	會	量	往	中	徧	樂
집	회	량	왕	중	변	락
已	爾	百	詣	現	告	聞
이	이	백	예	현	고	문
爲	時	千	時	希	之	法
위	시	천	시	희	지	법
現	菩	億	諸	有	言	爾
현	보	억	제	유	언	이

사경의 공덕은 십만억 부처님께 공양한 것과 같은 공덕이 있습니다.

復부	諸제	常상	言언	其기	未미	宮궁
告고	法법	一일	諸제	心심	見견	中중
言언	皆개	切체	仁인	醉취	聞문	諸제
汝여	悉실	諸제	者자	沒몰	旣기	希희
等등	無무	行행	一일	又우	得득	有유
皆개	我아	皆개	切체	於어	見견	事사
應응	涅열	悉실	諸제	樂악	已이	彼피
修수	槃반	是시	行행	中중	皆개	諸제
菩보	寂적	苦고	皆개	出출	大대	天천
薩살	滅멸	一일	悉실	聲성	歡환	子자
行행	又우	切체	無무	告고	喜희	曾증

사경의 공덕은 십만억 부처님께 공양한 것과 같은 공덕이 있습니다.

如여	詣예	住주	爲위	厭염	子자	皆개
來래	十시	兜도	第제	離리	聞문	當당
親친	方방	率솔	七칠	靡미	此차	圓원
近근	無무	宮궁	所소	不불	法법	滿만
禮례	量량	不불	作작	皆개	音음	一일
拜배	一일	捨사	業업	發발	憂우	切체
恭공	切체	本본	菩보	菩보	歎탄	智지
敬경	佛불	處처	薩살	提리	咨자	智지
聽청	所소	悉실	摩마	之지	嗟차	彼피
法법	見견	能능	訶하	心심	而이	諸제
爾이	諸제	往왕	薩살	是시	生생	天천

사경의 공덕은 십만억 부처님께 공양한 것과 같은 공덕이 있습니다.

時灌一位詞如
諸頂切是薩來
佛法神爲住故
欲故通第兜以
令爲以勝八大
菩說一功所神
薩菩相德入作力
獲薩應一業興
得地慧切菩起
最名具智薩種
上一足智諸種

大方廣佛華嚴經

諸	界	佛	供	菩	薩	無
제	계	불	공	보	살	무
供	虛	彼	養	提	摩	邊
공	허	피	양	리	마	변
養	空	世	皆	心	訶	如
양	공	세	개	심	하	여
具	界	界	發	是	薩	幻
구	계	계	발	시	살	환
名	一	中	阿	爲	住	如
명	일	중	아	위	주	여
殊	切	無	耨	第	兜	影
수	체	무	녹	제	도	영
勝	世	量	多	九	率	法
승	세	량	다	구	솔	법
可	界	衆	羅	所	天	門
가	계	중	라	소	천	문
樂	供	生	三	作	出	周
락	공	생	삼	작	출	주
徧	養	見	藐	業	無	徧
변	양	견	막	업	무	변
法	諸	此	三	菩	量	十
법	제	차	삼	보	량	시

사경의 공덕은 십만억 부처님께 공양한 것과 같은 공덕이 있습니다.

種	爲	喜	種	種	種	方
종	위	희	종	종	종	방
所	菩	是	種	事	相	一
소	보	시	종	사	상	일
作	薩	爲	言	業	種	切
작	살	위	언	업	종	체
業	摩	第	說	種	種	世
업	마	제	설	종	종	세
若	訶	十	隨	種	形	界
약	하	십	수	종	형	계
諸	薩	所	衆	方	體	示
제	살	소	중	방	체	시
菩	住	作	生	便	種	現
보	주	작	생	편	종	현
薩	兜	業	心	種	種	種
살	도	업	심	종	종	종
成	率	佛	皆	種	威	種
성	솔	불	개	종	위	종
就	天	子	令	譬	儀	色
취	천	자	령	비	의	색
此	十	是	歡	喩	種	種
차	십	시	환	유	종	종

사경의 공덕은 십만억 부처님께 공양한 것과 같은 공덕이 있습니다.

千	大	率	爲	天		法
大	光	天	十	將	佛	則
千	明	下	佛	下	子	能
世	名	生	子	生	菩	於
界	安	之	菩	時	薩	後
一	樂	時	薩	現	摩	下
切	莊	從	摩	十	訶	生
惡	嚴	於	訶	種	薩	人
趣	普	足	薩	事	於	間
諸	照	下	於	何	兜	
難	三	放	兜	等	率	

사경의 공덕은 십만억 부처님께 공양한 것과 같은 공덕이 있습니다.

大方廣佛華嚴經 104

曰 왈	眉 미	薩 살	一 일	奇 기	苦 고	衆 중
覺 각	間 간	於 어	所 소	特 특	安 안	生 생
悟 오	白 백	兜 도	示 시	大 대	樂 락	觸 촉
普 보	毫 호	率 솔	現 현	人 인	得 득	斯 사
照 조	相 상	天 천	事 사	出 출	安 안	光 광
三 삼	中 중	下 하	佛 불	興 흥	樂 락	者 자
千 천	放 방	生 생	子 자	於 어	已 이	莫 막
大 대	大 대	之 지	菩 보	世 세	悉 실	不 불
千 천	光 광	時 시	薩 살	是 시	知 지	皆 개
世 세	明 명	從 종	摩 마	爲 위	將 장	得 득
界 계	名 명	於 어	訶 하	第 제	有 유	離 리

사경의 공덕은 십만억 부처님께 공양한 것과 같은 공덕이 있습니다.

照彼宿世一切同行諸菩薩身彼諸菩薩蒙光照已咸知菩薩將諸菩薩欲詣菩薩所示現所事而為供養菩薩所詣菩薩所示現所事而為供養佛子供養菩薩量為供具第二所示現事佛子供養菩薩摩訶薩於兜率天將下生時於右掌中放大光明名清

時薩是量菩身照
於摩為供薩彼彼
右訶第具將諸宿
掌薩二詣欲菩世
中於所菩下薩一
放兜示薩生蒙切
大率現所各光同
光天事而各照行
明將佛為出已諸
名下子供興咸菩
清生菩養無知薩

置 치	及 급	置 치	壽 수	漏 루	大 대	淨 정
他 타	諸 제	他 타	命 명	諸 제	千 천	境 경
方 방	外 외	方 방	若 약	辟 벽	世 세	界 계
世 세	道 도	餘 여	不 불	支 지	界 계	悉 실
界 계	有 유	世 세	覺 각	佛 불	其 기	能 능
唯 유	見 견	界 계	者 자	覺 각	中 중	嚴 엄
除 제	眾 중	中 중	光 광	斯 사	若 약	淨 정
諸 제	生 생	一 일	明 명	光 광	有 유	一 일
佛 불	皆 개	切 체	力 력	者 자	已 이	切 체
神 신	亦 역	諸 제	故 고	即 즉	得 득	三 삼
力 력	徒 사	魔 마	徒 사	捨 사	無 무	千 천

사경의 공덕은 십만억 부처님께 공양한 것과 같은 공덕이 있습니다.

所持應化衆生是爲第三所
示現事佛子菩薩摩訶薩於兜率
天將下佛子菩薩摩訶薩從其兩膝放一大
光明名清淨莊嚴普照照上至
諸天宮殿下從世護世諸天等咸知
居靡不周徧彼諸天

菩	懷	華	樂	下	示	兜
보	회	화	악	하	시	도
薩	戀	鬘	詣	生	現	率
살	련	만	예	생	현	솔
於	慕	衣	菩	乃	事	天
어	모	의	보	내	사	천
兜	悲	服	薩	至	佛	將
도	비	복	살	지	불	장
率	歎	塗	所	涅	子	下
솔	탄	도	소	열	자	하
天	憂	香	恭	槃	菩	生
천	우	향	공	반	보	생
將	惱	末	敬	是	薩	時
장	뇌	말	경	시	살	시
欲	各	香	供	爲	摩	於
욕	각	향	공	위	마	어
下	持	幡	養	第	訶	卍
하	지	번	양	제	하	만
生	種	蓋	隨	四	薩	字
생	종	개	수	사	살	자
俱	種	妓	逐	所	在	金
구	종	기	축	소	재	금

剛強　無무　界계　力력　於어　所소　於어
莊장　能능　金금　士사　下하　示시　兜도
嚴엄　勝승　剛강　皆개　生생　現현　率솔
心심　幢당　力력　悉실　乃내　事사　天천
藏장　普보　士사　來래　至지　佛불　將장
中중　照조　時시　集집　涅열　子자　下하
放방　十시　有유　隨수　槃반　菩보　生생
大대　方방　百백　逐축　是시　薩살　時시
光광　一일　億억　侍시　爲위　摩마　從종
明명　切체　金금　衛위　第제　訶하　其기
名명　世세　剛강　始시　五오　薩살　身신

사경의 공덕은 십만억 부처님께 공양한 것과 같은 공덕이 있습니다.

大方廣佛華嚴經　110

佛	化	是	切	徧	別	上
불	화	시	체	변	별	상
子	衆	念	諸	觸	衆	一
자	중	념	제	촉	중	일
菩	生	我	天	一	生	切
보	생	아	천	일	생	체
薩	是	應	世	切	普	毛
살	시	응	세	체	보	모
摩	爲	住	人	諸	照	孔
마	위	주	인	제	조	공
訶	第	此	諸	菩	一	放
하	제	차	제	보	일	방
薩	六	供	菩	薩	切	大
살	륙	공	보	살	체	대
於	所	養	薩	身	大	光
어	소	양	살	신	대	광
兜	示	如	等	復	千	明
도	시	여	등	부	천	명
率	現	來	咸	觸	世	名
솔	현	래	함	촉	세	명
天	事	敎	作	一	界	分
천	사	교	작	일	계	분

將下生時放大光明名大摩尼寶藏照殿
中放大光明名大摩尼寶藏照殿
此菩薩當於諸生名大摩尼寶藏照殿
其光照已當諸生處所皆托觀察
逐下閻浮提若於其家若共王宮隨其
聚落若其城邑而現受生若為其
欲教化諸眾生故是為第七

사경의 공덕은 십만억 부처님께 공양한 것과 같은 공덕이 있습니다.

所	於	殿	光	照	薩	切
示	兜	及	明	所	母	功
現	率	大	名	生	安	德
事	天	樓	一	母	隱	其
佛	臨	閣	切	腹	快	母
子	下	諸	宮	光	樂	腹
菩	生	莊	殿	明	具	中
薩	時	嚴	淸	照	足	自
摩	從	中	淨	已	成	然
訶	天	放	莊	令	就	而
薩	宮	大	嚴	菩	一	有

사경의 공덕은 십만억 부처님께 공양한 것과 같은 공덕이 있습니다.

廣大樓閣善住摩尼寶藏殿 第八 所示現處 菩薩摩訶薩尼寶莊嚴身 為欲安處菩薩摩訶薩故 而為莊嚴

諸光天 第嚴廣
梵明臨佛八爲大
天名下子所欲樓
其爲生菩示安閣
命善時薩現處大
將住從摩事菩摩
終若雨訶 薩尼
蒙諸足薩 身寶
光天下於 故而
照子放兜 是爲
觸及大率 爲莊

사경의 공덕은 십만억 부처님께 공양한 것과 같은 공덕이 있습니다.

菩 보	薩 살	大 대	率 솔	現 현	生 생	皆 개
薩 살	種 종	光 광	天 천	事 사	乃 내	得 득
住 주	種 종	明 명	臨 임	佛 불	至 지	住 주
兜 두	諸 제	名 명	下 하	子 자	涅 열	壽 수
率 솔	業 업	日 일	生 생	菩 보	槃 반	供 공
天 천	時 시	月 월	時 시	薩 살	是 시	養 양
或 혹	諸 제	莊 장	從 종	摩 마	爲 위	菩 보
見 견	人 인	嚴 엄	隨 수	訶 하	第 제	薩 살
入 입	天 천	示 시	好 호	薩 살	九 구	從 종
胎 태	或 혹	現 현	中 중	於 어	所 소	初 초
或 혹	見 견	菩 보	放 방	兜 도	示 시	下 하

사경의 공덕은 십만억 부처님께 공양한 것과 같은 공덕이 있습니다.

種종	等등	座좌		入입	或혹	見견
諸제	百백	於어	佛불	涅열	見견	初초
菩보	萬만	宮궁	子자	槃반	降항	生생
薩살	阿아	殿전	菩보	是시	魔마	或혹
業업	僧승	於어	薩살	爲위	或혹	見견
現현	祇기	樓루	摩마	第제	見견	出출
是시	光광	閣각	訶하	十십	轉전	家가
業업	明명	中중	薩살	所소	法법	或혹
已이	悉실	放방	於어	示시	輪륜	見견
具구	現현	如여	身신	現현	或혹	成성
足족	種종	是시	於어	事사	見견	道도

사경의 공덕은 십만억 부처님께 공양한 것과 같은 공덕이 있습니다.

一切功德法故從兜率天下生人間

사경의 공덕은 십만억 부처님께 공양한 것과 같은 공덕이 있습니다.

發 願 文

귀의 삼보하옵고
거룩하신 부처님께 발원하옵나이다.

주 소 : _____

전 화 : _____ 불명 : _____ 성명 : _____

불기 25 _____년 _____월 _____일